L'éditeur remercie RMG-Palais des Papes pour la relecture de l'ouvrage.

Directeur : Jean-Benoît Durand.
Coordination éditoriale : Nathalie Lescaille.
Textes : Sophie Crépon, Nathalie Lescaille, Estelle Vidard, Jean-Benoît Durand, Élisabeth Durand-Colson, Claire Petit.
Direction artistique : Gaëlle Queval.
Mise en pages et iconographie : Delphine Chevalier.
Illustrations : Emmanuel Cerisier. Illustrations mascotte et jeux : Sandrine Lemoult (couleurs : Hugues Barthe).
Couverture : Emmanuel Cerisier.

2010, Éditions La Petite Boîte
www.lapetiteboite-edition.fr
87, boulevard des Belges - 76000 Rouen

ISBN 978-2-36152-006-9
Loi 49-956 du 16 juillet 1949 sur les publications destinées à la jeunesse.

Dépôt légal 1re édition : avril 2010.
Imprimé en France par IME.
Ce livre a été imprimé avec des encres végétales sur un papier fabriqué à partir de bois provenant de forêts gérées durablement.

Les secrets du palais des Papes

LA petite BOÎTE

Sommaire

Les secrets du palais des Papes

Pour aller plus loin

Chapitre 1

Une maison pour le pape

Depuis le 11e siècle, rien ne va plus au sein de l'Église ! Le pape est souvent contraint de quitter Rome pour échapper aux guerres. À la fin du Moyen Âge, il choisit de s'installer en Avignon, dans le sud de la France.

Une Église puissante

Au Moyen Âge, la plus grande partie de l'Europe est chrétienne*. L'Église regroupe les fidèles sous l'autorité des prêtres, des évêques et du pape, qui est le chef des chrétiens. L'Église est riche et puissante : elle possède des terres, perçoit des impôts et, surtout, elle tient son autorité de Dieu, dont le pape est considéré comme le représentant sur terre. À cette époque, la France est dirigée par un roi mais les rois aussi sont soumis à l'Église et ils doivent obéissance au pape, comme tous les autres chefs des pays chrétiens.

SOS papes !

Depuis le 1er siècle après Jésus-Christ., le pape vit à Rome (Italie), la capitale du monde chrétien. Mais aux 11e et 12e siècles, la ville n'est plus sûre. Les empereurs qui règnent sur le Saint Empire romain germanique s'opposent au pape : ils veulent décider sans avoir de comptes à lui rendre ! Dans Rome, les pillages et les incendies se succèdent. La sécurité du pape n'est plus assurée et il doit souvent aller vivre ailleurs, en Italie ou en France. La preuve : aux 11e et 12e siècles, les papes séjournent 122 ans hors de Rome !

Saint Pierre est considéré par la tradition romaine comme le premier pape. Il tient les clefs du paradis.

* Les mots en couleur sont expliqués page 24.

Une grosse dispute

Les rois et les empereurs supportent de plus en plus mal l'autorité du pape. À la fin du 13e siècle, le roi de France Philippe le Bel décide de lever un impôt sur le clergé pour renflouer les caisses du royaume. En principe, seul le pape a le droit de le faire ! Furieux, il menace le roi d'excommunication... Pour ne rien arranger, Philippe fait emprisonner un évêque ! Et, en 1303, il envoie des troupes pour s'emparer du pape et le juger. Les soldats français sont chassés mais le pape est humilié et meurt peu après. Philippe fait pression sur son successeur, Clément V, pour qu'il vienne s'installer en France, dans le Comtat venaissin. Élu en 1304, ce nouveau pape, choisit de résider en Avignon.

Le pape Benoît XII.

Deux palais en un !

En 1335, Benoît XII, le nouveau pape, décide de faire construire des bâtiments dignes d'accueillir la cour papale. Ils constituent ce que l'on appellera plus tard le Palais Vieux. En 1342, un autre pape, Clément VI, agrandit le Palais Vieux en y ajoutant différents bâtiments, aujourd'hui baptisés... Palais Neuf ! *(Voir l'illustration, pages 10-11.)* Tu les distingueras facilement : l'architecture du premier est sévère tandis que le second est richement décoré.

Qu'est-ce que c'est qu'un pape ?

Le mot « pape » vient d'un mot grec qui signifie « père ». C'est pourquoi on appelle le pape le Saint-Père : il représente Dieu, père de tous les hommes pour les chrétiens. On dit aussi le « souverain pontife », d'un mot latin qui veut dire « faiseur de pont » : le pape fait le lien entre Dieu et les hommes ! Aujourd'hui, dans la plupart des pays, l'Église et l'État sont séparés. Le pape est le chef de l'Église catholique. Sa principale mission est de transmettre la parole de Dieu telle que la conçoivent les catholiques. Mais il est encore un chef d'État : il règne sur la Cité du Vatican, à Rome et il dialogue avec les autres chefs d'État afin de favoriser la paix entre les hommes, quelle que soit leur religion.

Doc+

Avignon et l'Europe au 14e siècle

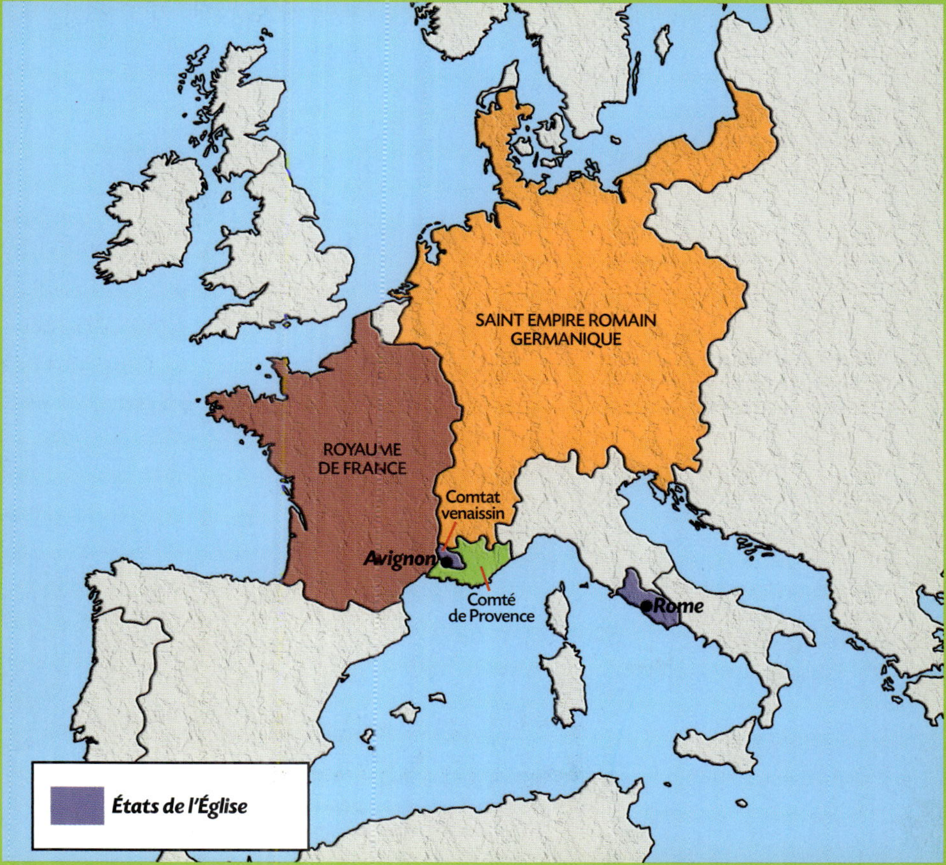

Au 14e siècle, l'Église est très riche. Elle possède même, en Italie et en France, plusieurs territoires, appelés « États pontificaux ». Avignon en fait partie. Le pape est donc ici chez lui !

Chapitre 2

Un géant de pierre

Au Moyen Âge, le palais des Papes est à la fois la résidence du pape et le siège officiel de l'Église. Bâti comme une forteresse, il assure la sécurité du pape. Le pape et sa cour disposent aussi de cuisines, de chambres, de salles d'audience et de réception et, bien sûr, de lieux de prière !

Des dimensions exceptionnelles

Le palais est impressionnant ! Sa façade mesure 60 mètres de long. En comptant les cours et les jardins, sa surface est de 15 000 mètres carrés, soit l'équivalent d'environ deux terrains de football.

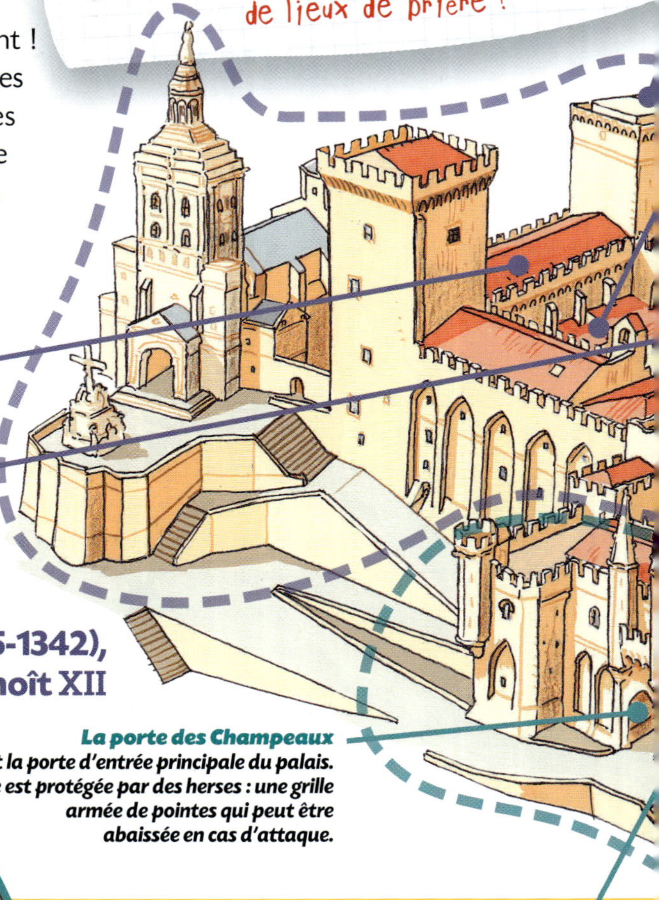

La chapelle de Benoît XII
Benoît XII y organise les cérémonies officielles.

Le consistoire
Le pape y reçoit ses visiteurs : les souverains étrangers, les légats pontificaux, les cardinaux... La salle est décorée de peintures et meublée de banquettes de pierre.

Le Palais Vieux (1335-1342), construit par Benoît XII

La porte des Champeaux
C'est la porte d'entrée principale du palais. Elle est protégée par des herses : une grille armée de pointes qui peut être abaissée en cas d'attaque.

N. Lescaille.

La cour d'honneur
La cour d'honneur est un accès majestueux pour les visiteurs et un espace semi-public : elle est souvent laissée à la libre circulation des habitants.

La Grande Audience
Dans cette grande salle (11 mètres de haut !) siège le tribunal pontifical composé de 13 juges.

La tour des latrines
Elle abrite deux niveaux de latrines, ancêtres des WC !

Le Grand Tinel
C'est la salle à manger du pape et de ses invités (aujourd'hui vide). De là, on accède à la cuisine haute. Elle est équipée d'une hotte qui mesure 18 mètres de haut !

Le cloître
Les bâtiments autour de la cour du cloître abritent des celliers pour stocker la nourriture, un cabinet de travail pour le pape et plusieurs appartements.

La chapelle Saint-Jean
Cette chapelle possède de beaux décors : des peintures exécutées de 1347 à 1348 sous la direction de Matteo Giovanetti, un artiste italien.

La tour du Pape
Haute de 46,50 mètres, dotée de meurtrières, de **mâchicoulis** et de murs de 3 mètres d'épaisseur, la tour du Pape ressemble à un donjon. Elle abrite les appartements du pape, les trésors de l'Église (argent, orfèvrerie...) et la bibliothèque pontificale, l'une des plus importantes d'Europe !

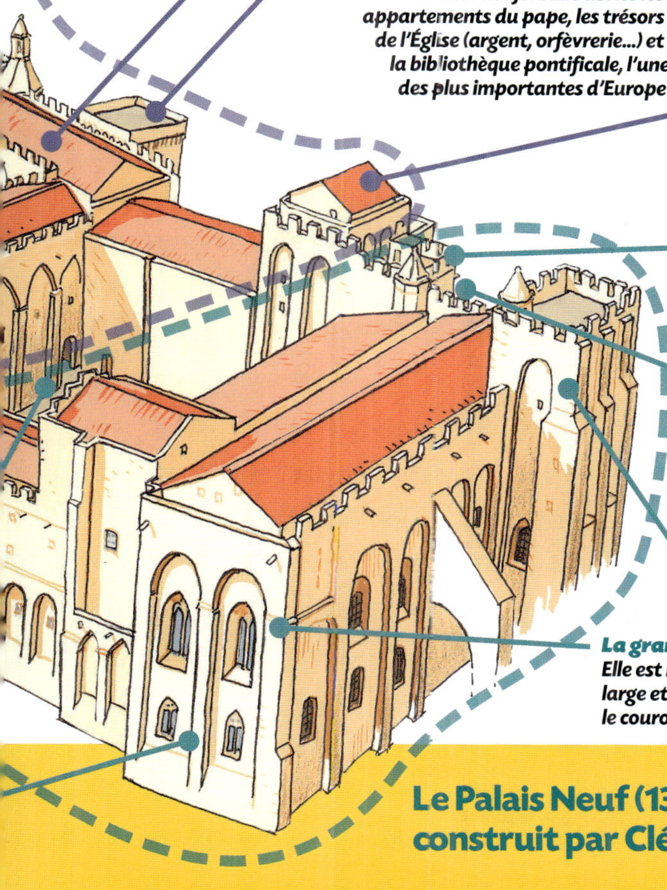

La tour de la Garde-Robe
Elle abrite le linge et les vêtements du pape. Au rez-de-chaussée, il dispose d'une salle de bain.

La chambre du Cerf
Clément VI y a installé son bureau, un lit et sa bibliothèque personnelle. Aux murs, il y a une peinture représentant une scène de chasse. D'où son nom !

La tour Saint-Laurent

La grande chapelle de Clément VI
Elle est immense : 52 mètres de long, 16 de large et 20 de hauteur ! C'est ici qu'ont lieu le couronnement et les funérailles du pape.

Le Palais Neuf (1342-1352), construit par Clément VI

La construction du palais

Il faut moins de 20 ans pour réaliser le gros des travaux ! Sous la conduite de deux architectes, Pierre Poisson (de 1335 à 1342) et Jean de Louvres (de 1342 à 1346), environ 800 artisans français travaillent sur le chantier : maçons, plâtriers, menuisiers, charpentiers, vitriers, plombiers ou tailleurs de pierre. Ils n'utilisent que des matériaux locaux, comme la pierre, la tuile ou la céramique. Seul le bois vient des forêts des Alpes et du Jura. Il est acheminé sur des radeaux qui descendent les fleuves.

Un peu de verdure...

Chacun à son tour, Benoît XII et Clément VI aménagent des jardins dans l'enceinte du palais. Au temps de Benoît XII, une ménagerie y est même installée ! Les visiteurs peuvent y admirer des cerfs, des autruches, des chameaux, des ours et des lions. Un maître jardinier, aidé d'une équipe d'ouvriers agricoles, cultive toutes sortes de végétaux : des vignes, des arbres fruitiers, des légumes, des fleurs ou encore des plantes aromatiques.

Avignon Tourisme

Dans la chambre du Cerf, on peut encore voir le sol qui était celui de tout le palais. Il est composé de carreaux de couleurs ou à motifs. Au 14e siècle, ce carrelage se répand dans la région : les gens riches veulent imiter la résidence du pape !

Doc+
L'architecture gothique

Le palais des Papes est un édifice gothique : un style qui a dominé l'Europe entre le 12e et le 16e siècle. Apprends à le reconnaître !

Une hauteur vertigineuse...

L'architecture romane savait déjà utiliser des **voûtes en ogive** mais, au 12e siècle, les bâtisseurs de cathédrales inventent une technique nouvelle : la **voûte sur croisée d'ogives** !

La voûte sur croisée d'ogives a un grand avantage : au lieu que le poids de la voûte repose sur les murs, qui devaient être très épais pour résister à la poussée, celui-ci porte sur les piliers d'angle. Il suffit de les épauler grâce à des contreforts ou des **arcs-boutants** construits à l'extérieur du bâtiment. Il devient alors possible d'élever de très hauts murs !

1. Cour du cloître 2. La Grande Audience
3. La mur de la grande chapelle

Et une grande luminosité !

Et comme les murs ne supportent plus le poids des voûtes, on peut les percer de hautes fenêtres ! Les architectes du style gothique en profitent pour commander de grands vitraux qui font entrer la lumière.

Chapitre 3

La vie quotidienne au palais

Au 14e siècle, Avignon est devenue la capitale de la chrétienté. Le pape y vit comme un prince, dans le luxe. Sa cour compte environ 500 personnes et plus de 1 000 serviteurs. Une sacrée organisation !

Un vrai gouvernement

L'Église fonctionne comme un État. Le pape ne peut la diriger seul ! Autour de lui travaillent les cardinaux, avec qui il se réunit en consistoire, et les membres de la curie. La curie est une sorte de gouvernement chargé de traiter les affaires de l'Église et de conseiller le pape. Le camérier, le ministre des Finances, en est le personnage le plus important ! Avec le trésorier et son équipe, il gère l'argent des impôts récoltés par l'Église.

Des super messagers

Pour l'aider dans son travail quotidien, le pape peut aussi compter sur la chancellerie. C'est une sorte de super secrétariat ! Les clercs qui y travaillent rédigent le courrier du souverain pontife. Les messages urgents sont transmis en France et à l'étranger par les cavaliers de l'écurie du palais. Lorsqu'il ne peut se déplacer ou écrire, le pape envoie des cardinaux en ambassade auprès des souverains étrangers.

Un emploi du temps chargé

Le souverain pontife ne chôme pas ! Il se lève dès l'aube. Ses chambriers l'aident à s'habiller tout en récitant des prières. Parfois, son médecin personnel lui prescrit un remède. Lorsqu'il est prêt, le pape dit la messe puis il va dans son cabinet de travail, son studium. Là, il lit et rédige son courrier personnel, consulte des parchemins et des rouleaux. À midi, il déjeune avec ses proches dans sa salle à manger personnelle. L'après-midi, le Saint-Père rencontre ses cardinaux ou bien reçoit en audience des visiteurs extérieurs.

Des repas pantagruéliques

Lorsqu'il accueille des rois ou des ambassadeurs, lors des fêtes de Noël ou de Pâques, le pape sait recevoir ! D'immenses tables recouvertes de nappes brodées sont dressées dans le Grand Tinel. Tout le personnel de la cuisine est mobilisé : les panetiers veillent au pain, les sommeliers choisissent le vin dans les caves du palais... Des dizaines de plats différents sont présentés dans de la vaisselle précieuse sous l'œil vigilant du maître de salle. Un goûteur goûte tous les plats : il ne s'agirait pas d'empoisonner le pape ! Assis sur une sorte de trône, le souverain pontife préside : il domine ainsi ses invités !

Le palais d'un prince

Alors que Benoît XII, ancien moine, avait conçu un édifice plutôt sévère, Clément VI transforme la résidence papale en véritable palais princier ! De riches tapis, des tentures et des tapisseries venus d'Orient, d'Italie ou d'Espagne enrichissent les pièces. Des sculpteurs et des peintres arrivent de toute l'Europe. En 1343, Clément VI commande des fresques à des peintres italiens et français. Tu peux en admirer quelques-unes, dans la chambre du Cerf et dans les chapelles du palais !

Des fresques couvrent les parois de la chapelle Saint-Martial (à gauche) et de la chambre du Cerf (à droite).

Aujourd'hui, qui habite au palais des Papes ?

Le palais des Papes a été le siège de l'Église de 1309 à 1377. Lorsque les papes sont retournés à Rome, le palais est resté la propriété de l'Église. Des représentants du pape y ont vécu jusqu'en 1791, date à laquelle Avignon a été intégrée au territoire français. Pendant la Révolution, le mobilier est dispersé. Au siècle suivant, le palais est utilisé comme caserne. Aujourd'hui, personne ne l'habite mais il se visite et il accueille chaque été un célèbre festival de théâtre !

Doc+ L'habit fait le pape !

Dis-moi comment tu t'habilles, je te dirai qui tu es... En tant que chef de l'Église, le pape est vêtu magnifiquement et porte les insignes de son autorité.

La tiare
Cette coiffe est ornée de trois couronnes qui symbolisent le triple pouvoir du pape sur les hommes, les rois et les États pontificaux, c'est-à-dire les territoires qui appartiennent à l'Église à cette époque.

Le flabellum
Autrefois, le pape portait cet éventail en plumes d'autruche fixé à un long manche lors des cérémonies solennelles.

Le bâton pastoral
« Pastoral » vient de « pasteur », c'est-à-dire berger : aux yeux des chrétiens, le pape est le berger des hommes.

L'anneau du pêcheur
Cette bague comporte un sceau gravé qui représente saint Pierre en train de pêcher. Le pape la porte à la main droite. Il s'en sert pour signer son courrier.

Les clefs de Saint-Pierre
Dans la tradition chrétienne, saint Pierre, qui fut le premier pape, est le gardien des portes du paradis. L'une des clefs est en or, l'autre en argent.

L'aube blanche
Cette longue robe de lin couvre le corps jusqu'aux pieds. Elle se porte avec une étole.

Des bas et des mules
Les mules sont ornées de croix. Les bas sont en soie.

Test Quel(le) architecte

Si tu étais l'architecte de grands monuments comme le palais des Papes, quel serait ton style ? Classique, futuriste ou loufoque ? Fais ce test pour le savoir !

1 Tes parents décident de t'acheter un nouveau lit. Que choisis-tu ?

A Le même que le précédent.
C Un lit transformable en toboggan.
B Un lit qui s'incline avec une télécommande.

2 Dans les musées, quelles statues préfères-tu ?

A Les statues grecques de l'Antiquité.
B Les statues géantes en verre ou en métal.
C Les statues en déchets recyclés.

3 À l'école, tu dois fabriquer une maquette pour le cours d'arts plastiques. Tu fais :

B La fusée du futur.
C Une soucoupe volante.
A La tour Eiffel.

4 Cette année, c'est toi qui décores le sapin de Noël ! Tu suspends :

A Des boules et des guirlandes rouges et dorées.
C Des photos de ta famille et des cartes postales.
B Une guirlande qui clignote au son de la voix.

5 Si tu pouvais choisir le voyage de tes rêves, ce serait :

A Une semaine à Tahiti, les pieds dans l'eau.
C Un tour du monde à rollers !
B Un voyage en fusée dans l'espace.

6 Pour décorer ta chambre, qu'affiches-tu sur les murs ?

A Les posters des plus belles toiles de Claude Monet.
B Les plans des engins que tu as inventés.
C Des étiquettes de camembert.

serais-tu ?

7 Dans ton jardin, tu bâtis une cabane. Quelle est sa particularité ?

B Son ascenseur qui fonctionne à l'énergie solaire.
C Sa forme de champignon !
A C'est la reproduction de ta maison en miniature.

8 Si tu devais fabriquer un radeau, quel matériau utiliserais-tu ?

A Du bois, bien sûr !
C Des coquilles de noix de coco.
B De l'aluminium ultra léger.

Résultat du test : pour chaque question, entoure la lettre qui correspond à ta réponse. Puis compte le nombre de A, de B et de C que tu obtiens et regarde en page 24 : tu découvriras quel(le) architecte tu serais.

Jeux Spécial palais des Papes

Quiz

As-tu bien lu ton livre ?
Pour le savoir, réponds à ces questions !

1 À quelle époque le premier pape s'installe-t-il à Avignon ?

A À la fin du Moyen Âge.
B À la Renaissance.
C À la Belle Époque.

2 Après le Palais Vieux, on construit :

A Le Palais Moderne.
B Le Palais Nouveau.
C Le Palais Neuf.

3 Comment s'appelle la porte d'entrée principale du palais des Papes ?

A La porte du Pape.
B La porte des Chapeaux.
C La porte des Champeaux.

4 Dans quelle salle le pape reçoit-il ses visiteurs ?

A La salle du conquistador.
B La salle du consistoire.
C Le corridor.

5 De quel style est l'architecture du palais des Papes ?

A Roman.
B Gothique.
C Baroque.

6 Quel animal n'a jamais mis les pieds au palais des Papes ?

A Le lion.
B Le chameau.
C La baleine.

7 Dans l'Église, quel est le personnage le plus important après le pape ?

A Le camérier.
B Le chambrier.
C Le trésorier.

8 Que fait le pape pour éviter d'être empoisonné lors des repas ?

A Il recrache ce qu'il mange.
B Il avale un médicament.
C Il fait goûter ses plats par un goûteur.

9 Que peut-on admirer sur les murs de la chambre du Cerf ?

A Des fresques.
B Des graffitis.
C Des toiles de Picasso.

10 Quand le pape porte-t-il le flabellum, l'éventail en plumes d'autruche ?

A Quand il se promène dans son jardin.
B Lors des grandes processions solennelles.
C Quand ça lui chante !

Énigmes

1 **Deux animaux se cachent dans les murs du palais. À toi de les retrouver !**

2 **Que dit le personnage orange à la petite fille ?**

3 **Un visiteur du palais a perdu son chapeau. Tu le reconnaîtras grâce à ces indices.**
- C'est une fille.
- Elle a les cheveux blonds.
- Elle ne porte pas de sandales.
- Elle a un appareil photo autour du cou.

4 **Parmi ces 4 photos, une seule n'a pas été prise dans la cour d'honneur. Laquelle ?**

Solutions : voir page 24.

Suivez le Guide !

En Avignon

Le pont Saint-Bénezet

Bâti au 12e siècle, c'est bien le pont de la chanson... mais il est trop étroit pour qu'on puisse y danser tous en rond ! Il était réservé aux piétons et aux cavaliers.

J.-P. Campomar.

Les remparts

Promène-toi au pied de l'enceinte élevée au 14e siècle par les papes.

Le temple Saint-Martial

Fragment d'un couvent en partie ruiné, c'est ici que fut signée la vente d'Avignon à Clément VI.

Office du tourisme : 41, cours Jean-Jaurès.
Tél. : 04 32 74 32 74.

La cathédrale Notre-Dame-des-Doms

Elle était déjà là au temps des papes ! Tu y verras le tombeau de Jean XXII.

Le palais des Papes

J.-P. Campomar.

Unique et grandiose, il est l'un des 10 monuments les plus visités de France. Muni d'un audioguide ou lors d'une visite guidée, pars à la découverte de ses moindres recoins. Tout au long de l'année, profite des nombreuses animations culturelles : expositions, visites à thème, concerts... Chaque été, une importante exposition d'art occupe la grande chapelle et, en juillet, la cour d'honneur accueille les représentations théâtrales du Festival d'Avignon : une magnifique salle de spectacle à ciel ouvert !

Tél. : 04 90 27 50 00.
www.palais-des-papes.com

La promenade du Rocher des Doms

Grimpe sur le rocher ! Depuis l'agréable jardin, vue imprenable sur le Rhône et le pont, la tour et le fort de Villeneuve-lès-Avignon et, au-delà, sur les Alpilles, le Luberon, le Ventoux...

Aux alentours

Le Comtat venaissin

De 1229 à 1791, ce territoire fut un État pontifical. Pars à la découverte de ses villes et villages anciens : certains ont gardé de beaux vestiges de cette époque. Visite Pernes-les-Fontaines, la capitale du Comtat avant que Carpentras ne la détrône, mais aussi Apt, Cavaillon, Orange, Saint-Paul-Trois-Châteaux ou Vaison-la-Romaine...

Offices du tourisme :
Apt : 20, avenue Philippe-de-Girard, tél. : 04 90 74 03 18.
Carpentras : 97, place du 25-août-1944, tél. : 04 90 63 00 78.
Cavaillon : 79, place François-Tourel, tél. : 04 90 71 32 01.
Orange : 5, cours Aristide-Briand, tél. : 04 90 34 70 88.
Pernes-les-Fontaines : place Gabriel-Moutte, tél. 04 90 61 31 04.
Saint-Paul-Trois-Châteaux : place Chausy, tél. : 04 75 96 59 60.
Vaison-la-Romaine : place du Chanoine-Sautel, tél. : 04 90 36 02 11.

Villeneuve-lès-Avignon

En face de la « ville des papes », voici la « ville des cardinaux » qui y construisirent 15 magnifiques résidences. Monte au sommet de la tour de Philippe le Bel ou sur la terrasse du fort Saint-André : tu verras le palais dans son écrin de montagnes.

Office du tourisme : 1, place Charles-David.
Tél. : 04 90 25 61 33.

Châteauneuf-du-Pape

Pour tes parents, ce nom évoque sans doute un cru renommé. Le vignoble s'est développé et a été connu grâce à Jean XXIII qui lui a donné sa première dénomination puisque l'on parlait de « vin de pape ». Va jusqu'à la haute tour : tu apercevras le palais !

Office du tourisme : place du Portail.
Tél. : 04 90 83 71 08.

Un peu plus loin

L'enclave des Papes

Un jour, Jean XXII, très malade, goûta le vin de Valréas. Il paraît qu'il en guérit ! Il acheta la cité, située entre ses États et ceux de seigneurs puissants et belliqueux. L'Église, ensuite, agrandit ce territoire. Devenu français en 1791, il resta attaché au Comtat et fut intégré au département du Vaucluse : voilà pourquoi il y a aujourd'hui un morceau de Vaucluse dans le département de la Drôme !

Office du tourisme de Valréas : avenue du Maréchal-Leclerc. Tél. : 04 90 35 04 71.

Dico

Audience : donner audience, c'est recevoir quelqu'un pour l'écouter.
Cardinaux : électeurs et conseillers du pape.
Chrétien : personne qui croit que Jésus-Christ est le fils de Dieu.
Clerc : personne investie d'une fonction religieuse.
Clergé : ensemble des clercs.
Consistoire (ici) : assemblée des cardinaux réunis pour traiter les affaires de l'Église.
Cour papale : entourage du souverain pontife.
Évêque : responsable religieux d'un territoire.
Excommunication : exclusion de l'Église.
Légat pontifical : ambassadeur du pape.
Mâchicoulis : ouverture en haut d'une muraille qui servait à faire tomber des projectiles sur les assaillants.
Saint Empire romain germanique : empire réunissant des territoires de l'Est de l'Europe. Il a duré de 962 à 1806.
Sceau : petit objet sculpté dont l'empreinte sur la cire, par exemple, certifie l'origine d'un document.

Résultat du test

Si tu as un maximum de A : Tu serais un(e) architecte classique.
Pour toi, créer ne veut pas dire partir de rien ! Tu trouves ton inspiration dans les choses qui te plaisent. Et les styles qui ont traversé les siècles sont des valeurs sûres. Tu as raison : bien connaître ses classiques, cela évite les fautes de goût. Mais lance-toi de temps en temps : l'innovation, ça a aussi du bon !

Si tu as un maximum de B : Tu serais un(e) architecte futuriste.
Pour toi, créer, cela veut dire innover ! Fabriquer du déjà-vu, pas question ! L'important, c'est l'idée que personne n'a encore eue, le matériau ultramoderne, le système électronique de pointe... Fais attention tout de même : pour rencontrer le succès, il faut t'assurer que tes inventions vont fonctionner !

Si tu as un maximum de C : Tu serais un(e) architecte loufoque.
Pour toi, créer, ça n'a d'intérêt que si c'est inattendu, rigolo, décoiffant ! Alors tu tentes des expériences saugrenues, des mélanges improbables... L'important, c'est d'essayer et on verra bien ce qui en sortira. La créativité, c'est une grande qualité... mais ne fais quand même pas n'importe quoi !

Solutions des jeux

Page 20 : 1A ; 2C ; 3C ; 4B ; 5B ; 6C ; 7A ; 8C ; 9A ; 10B.
Page 21 : 1. Le chat au-dessus de la porte à gauche, le serpent autour de la rosace à gauche. 2. « Le palais des Papes est très beau ! » (L' - œufs - pas - lait - dé - pape - haie - trait - B' - eau). 3. Voir ci-contre. 4. D.

Déjà parus dans ta région :

Découvre aussi les autres régions de France !

LA BRETAGNE
- Les Secrets de Belle-Île-en-Mer
- La Grande Aventure des corsaires bretons
- Menhirs et dolmens de Bretagne
- Tes premières recettes bretonnes

L'AUVERGNE
- Les Volcans d'Auvergne
- Quelle vache, la salers !
- Vercingétorix et la bataille de Gergovie
- Tes premières recettes auvergnates

LE VAL DE LOIRE
- Léonard de Vinci
- À la rencontre de François Ier
- Les Mystères de Chenonceau
- Tes premières recettes du Val de Loire

L'ALSACE
- La Ligne Maginot et la Seconde Guerre mondiale
- Tout sur la cigogne !
- Le Château du Haut-Kœnigsbourg
- Tes premières recettes alsaciennes

LA LORRAINE
- La Bataille de Verdun et la Première Guerre mondiale
- Jeanne d'Arc la petite Lorraine
- Les Romains en Lorraine
- Tes premières recettes lorraines

LE NORD PAS-DE-CALAIS
- La Première Guerre mondiale et les batailles de l'Artois
- Au cœur des mines de charbon
- Les Secrets des beffrois
- Tes premières recettes ch'tis

LE PÉRIGORD
- Stalactites et stalagmites
- Les Mystères de Lascaux
- Le Château de Castelnaud au Moyen Âge
- Tes premières recettes périgourdines

LA BOURGOGNE
- À l'aise, la charolaise !
- Il était une fois... les Hospices de Beaune
- Les Secrets de la basilique de Vézelay
- Tes premières recettes bourguignonnes

LA NORMANDIE
- L'Histoire de Jeanne d'Arc
- Tes ancêtres les Vikings
- Les Secrets du Mont-Saint-Michel
- L'Histoire du Débarquement
- Monet et les impressionnistes
- Tes premières recettes normandes, tome 1
- Tes premières recettes normandes, tome 2
- Tout sur la vache !
- La Bataille de Normandie
- La Vie au temps des Romains
- Les Dinosaures
- La Grande Aventure des terre-neuvas
- Les Chevaux
- Guillaume le Conquérant
- Les Bateaux de Normandie
- Château-Gaillard et Richard Cœur de Lion
- Tes légendes de Normandie
- L'Abbaye de Montivilliers
- Au fil de la Seine normande
- Les Mystères de Rouen au Moyen Âge
- Dans les coulisses du zoo de Cerza
- Cap sur Étretat !

Pour en savoir plus : www.lapetiteboite-edition.fr

LA petite BOÎTE